AF562671

ORDONNANCE DU ROI,

Concernant les Invalides.

Du 26 Février 1764.

DE PAR LE ROI.

A MAJESTÉ ayant été engagée dans les différentes guerres qui se sont succédées les unes aux autres, d'admettre à l'Hôtel royal des Invalides, un nombre considérable d'Officiers, bas Officiers & Soldats, porté aujourd'hui à près de trente mille hommes: Et étant informée que la plupart desdits Officiers, bas Officiers & Soldats, au moyen du repos, des soins qu'on en a eus, & du bien-être qu'ils ont éprouvé, sont rétablis de leurs blessures, ou des infirmités que les fatigues inévitables de la guerre avoient occasionnées, & qu'ils préféreroient de passer le reste de leurs jours dans leur pays; Sa Majesté s'est d'autant plus volontiers déterminée à y consentir & à leur accorder les moyens d'y ſubſiſter, que d'une part Elle trouve l'occaſion de donner encore plus d'extenſion à l'établiſſement de l'Hôtel royal des Invalides, & que de l'autre ces Officiers, bas Officiers & Soldats auront une nouvelle preuve de ſa bienveillance & de ſon deſir de donner en toutes occaſions des marques de la ſatisfaction qu'Elle reſſent des bons & fidelles ſervices qui lui ont été, & qui lui ſont rendus; Et en conſéquence, Elle a ordonné & ordonne ce qui ſuit:

ARTICLE PREMIER.

Les Officiers, Maréchaux-des-logis, bas Officiers & Soldats actuellement à l'Hôtel royal des Invalides, & ceux de la compagnie de Fuſiliers attachée à l'Hôtel, auront le choix de reſter dans l'Hôtel, ou de ſe retirer dans leur pays.

II.

Les Officiers, Maréchaux-des-logis, bas Officiers & Soldats qui préféreront de ſe retirer chez eux, recevront des fonds de l'Hôtel,

SAVOIR;

Chaque Officier admis à l'Hôtel royal des Invalides, en qualité de Lieutenant-colonel, la ſomme de cinq cents livres par an.

Chaque Officier ayant le grade de Commandant de bataillon, quatre cents livres.

Chaque Capitaine de la première claſſe, trois cents livres.

Chaque Capitaine de la ſeconde claſſe, deux cents cinquante livres.

Chaque Lieutenant, deux cents livres.

Chaque Maréchal-des-logis de la claſſe intermédiaire, cinq ſous par jour.

Chaque bas Officier dudit Hôtel, quatre ſous.

Chaque Soldat, trois ſous.

III.

Les Officiers ſeront payés, du traitement qui leur eſt réglé par l'article II, tous les ſix mois; & les Maréchaux-des-logis, bas Officiers & Soldats, tous les mois, ſur les certificats de vie qu'ils ſeront obligés de fournir, ſignés de leur Curé, & légaliſés du Juge du lieu.

IV.

SA MAJESTÉ ayant reconnu que les compagnies détachées de l'Hôtel royal des Invalides, ont été ſucceſſivement trop multipliées, Elle a réſolu d'en fixer le nombre invariablement; & à cet effet,

V.

LES cinq compagnies de bas Officiers, qui ſont employées à la garde des Tuileries, de Vincennes, de la Baſtille, de l'Arſenal & de l'École-militaire; celle de Fuſiliers de l'Hôtel, les quatre compagnies de Canonniers & le détachement de Verſailles, ſeront conſervées avec la même compoſition qu'elles ont actuellement, & la même ſolde dont elles jouiſſent.

VI.

DES onze compagnies de bas Officiers qui ſont diſtribuées dans les Provinces, il y en aura ſix de conſervées & qui ſeront déſignées ſur l'état qui ſera joint à la préſente ordonnance.

VII.

CHACUNE de ces ſix compagnies conſervées, ſera commandée par un Capitaine, avec deux Lieutenans; & compoſée de quatre Sergens, quatre Caporaux, quatre Appointés, ſoixante-neuf bas Officiers & deux Tambours. Il ſera payé par jour à chaque Capitaine cinquante ſous, à chaque Lieutenant vingt ſous, à chaque Sergent douze ſous, à chaque Caporal neuf ſous, à chaque Appointé huit ſous, & à chacun des bas Officiers & Tambours ſept ſous.

VIII.

L'INTENTION de Sa Majeſté eſt que les Officiers, Sergens, Caporaux, Appointés, bas Officiers & Tambours deſdites ſix compagnies, continuent de recevoir de l'Hôtel leur décompte tous les ans, & l'habillement, auſſi de l'Hôtel, tous les trois ans.

I X.

Les Officiers qui ſe trouveront excéder le nombre réglé par l'article VII, auront la liberté de ſe retirer dans leur pays, & ils y jouiront chacun, ſuivant leur grade, des appointemens fixés par l'article II.

X.

Lesdits appointemens leur ſeront payés des fonds de l'Extraordinaire des guerres, en fourniſſant des certificats de vie dûement légaliſés, à moins qu'ils ne préfèrent de reſter à la ſuite des compagnies qui leur ſeront déſignées, en attendant leur remplacement; auquel cas ils ne jouiront que du traitement réglé par l'article II, pour ceux qui ſe retireront, outre lequel ils recevront le décompte de l'Hôtel, ſeront logés dans les garniſons, & auront l'étape lorſqu'ils marcheront avec les compagnies.

X I.

Entend Sa Majeſté que les Sergens, Caporaux, Anſpeſſades, bas Officiers & Tambours deſdites compagnies de bas Officiers, qui excéderont le nombre réglé par la nouvelle compoſition, aient la liberté de ſe retirer chez eux pour y être payés tous les mois, des fonds de l'Extraordinaire des guerres, en vertu de certificats de vie dûement légaliſés, ſur le pied de quatre ſous par jour à chacun d'eux, & dans le cas où il y en auroit parmi eux qui préféraſſent de demeurer à la ſuite des compagnies qui ſeront déſignées, ils jouiront de cinq ſous chacun par jour avec le décompte de l'Hôtel, ſeront logés dans les garniſons, & recevront l'étape en route.

X I I.

Permet Sa Majeſté aux Officiers, Sergens, Caporaux, Anſpeſſades, bas Officiers, Canonniers & Tambours des cinq compagnies de bas Officiers, établies pour la garde des Tuileries, de Vincennes, de la Baſtille, de l'Arſenal, de l'École-militaire, du détachement de Verſailles & des quatre compagnies de Canonniers, de ſe retirer chez eux avec le même traitement réglé pour les Officiers & bas Officiers des compagnies de bas Officiers qui ſont dans les provinces, & qui préféreront de ſe retirer chez eux; l'intention de Sa Majeſté étant que tous ceux qui choiſiront ce parti ſoient remplacés par un nombre pareil d'hommes, pour que leſdites compagnies ſoient toujours complettes ſur le pied fixé par les dernières ordonnances de Sa Majeſté, & qu'il en ſoit uſé de même pour le remplacement de ceux qui ſe retireront de la compagnie de Fuſiliers de l'Hôtel, & du détachement de Verſailles.

XIII.

LES Officiers, Maréchaux-des-logis, bas Officiers & Soldats qui quitteront l'Hôtel ou les compagnies dénommées dans les précédens articles, ſe retireront chez eux avec un certificat du Gouverneur de l'Hôtel, qui conſtatera leur grade & leur traitement, lequel certificat ils préſenteront au Subdélégué du lieu de leur réſidence, qui en informera l'Intendant de la province, afin que leur traitement ait lieu du jour de la préſentation du certificat au Subdélégué.

Ceux des quatre compagnies de Canonniers qui ſe retireront chez eux, recevront leur certificat de l'Officier qui ſera chargé des ordres de Sa Majeſté à ce ſujet.

XIV.

LES cent trente compagnies de Fuſiliers, qui ſont actuellement ſur pied, ſeront réduites à ſoixante-cinq, qui ſeront déſignées ſur l'état joint à la préſente ordonnance.

XV.

CHACUNE de ces ſoixante-cinq compagnies, ſera commandée par un Capitaine avec deux Lieutenans, compoſée de trois

Sergens, trois Caporaux, trois Appointés, cinquante-deux Fusiliers & deux Tambours; & payée à raison par jour de cinquante sous au Capitaine, vingt sous à chaque Lieutenant, dix sous à chacun des trois Sergens, sept sous à chacun des trois Caporaux, six sous à chaque Appointé, & cinq sous à chacun des Fusiliers & Tambours.

XVI.

LES Officiers, Sergens, Caporaux, Appointés, Fusiliers & Tambours desdites compagnies conservées, continueront, ainsi que ceux des compagnies de bas Officiers, de recevoir de l'Hôtel leur décompte tous les ans, & l'habillement tous les trois ans.

XVII.

LES Officiers qui ne seront point compris dans la nouvelle composition des compagnies de Fusiliers, jouiront du traitement réglé par l'article IX de la présente ordonnance, soit qu'ils préfèrent de retourner chez eux, soit qu'ils préfèrent de rester à la suite des compagnies qui leur seront désignées.

XVIII.

LES Sergens, Caporaux, Appointés, Fusiliers & Tambours desdites compagnies de Fusiliers, auront la liberté de se retirer chez eux pour y être payés tous les mois par l'extraordinaire des guerres, en vertu des certificats de vie dûement légalisés, sur le pied de quatre sous par jour à chaque bas Officier, & de trois sous, aussi par jour, à chacun des autres. Si cependant il y en avoit parmi eux qui préférassent de rester à la suite des compagnies qui leur seront désignées, ils jouiront, savoir, chaque bas Officier, de cinq sous; & chacun des autres, de quatre sous, en attendant leur remplacement dans les compagnies; ils recevront de plus le décompte de l'Hôtel, auront le logement à la garnison, & l'étape en route.

XIX.

PERMET Sa Majesté aux Officiers, bas Officiers & Soldats

étrangers, de se retirer dans leur patrie; ils y jouiront du traitement accordé à ceux de leur grade qui se retireront dans le royaume; ils y seront payés aux mêmes époques par les Ministres de Sa Majesté, bien entendu qu'ils ne s'engageront au service d'aucune Puissance étrangère.

X X.

LES Officiers, Maréchaux-des-logis, bas Officiers & Soldats qui se retireront chez eux, soit en sortant de l'Hôtel, soit en sortant des compagnies détachées, auront des routes pour s'y rendre.

X X I.

PERMET aussi Sa Majesté auxdits bas Officiers & Soldats qui se retireront chez eux, de s'y marier.

X X I I.

LESDITS bas Officiers & Soldats pourront s'engager dans ses Troupes, mais la solde qui leur est accordée chez eux, cessera du jour de leur engagement, à l'expiration duquel ils pourront rentrer à l'Hôtel, & même plus tôt s'ils y sont forcés par des blessures ou des infirmités qui les mettent hors d'état de continuer leurs services.

X X I I I.

IL sera tenu compte à ceux des bas Officiers & Soldats invalides qui contracteront de nouveaux engagemens, des services qu'ils auront antérieurement rendus, pour les mettre à portée de jouir chez eux de la solde entière, après avoir justifié qu'ils auront servi au moins vingt-quatre ans; bien entendu que lesdits bas Officiers & Soldats ne pourront profiter de cette grace qu'après avoir rempli l'engagement de huit ans, qu'ils seront obligés de contracter en rentrant au service; pour lequel engagement ils recevront la somme prescrite par l'Ordonnance du 1.er février 1763.

XXIV.

Les Officiers, Maréchaux-des-logis, bas Officiers & Soldats, actuellement à l'Hôtel royal des Invalides ; ceux de la compagnie attachée à l'Hôtel ; les Officiers, Sergens, Caporaux, Anſpeſſades, bas Officiers & Tambours, excédant le nombre réglé pour les ſix compagnies de bas Officiers conſervées ; les Officiers, Sergens, Caporaux, Appointés, Fuſiliers & Tambours, excédant des ſoixante-cinq compagnies de Fuſiliers conſervées, ſoit qu'ils retournent chez eux, ſoit qu'ils préfèrent de reſter à la ſuite des compagnies, auront tous les quatre ans un habillement qui leur ſera délivré ſur les fonds de l'Hôtel.

XXV.

Les Maréchaux-des-logis, bas Officiers & Soldats qui ſe retireront chez eux, y jouiront des priviléges attribués aux Invalides ; enjoignant Sa Majeſté aux Intendans des provinces d'y tenir exactement la main.

XXVI.

Sa Majesté nommera un Officier général pour procéder à l'exécution de la préſente ordonnance, & Elle entend que les Gouverneurs, Commandans des provinces & des places où ſont en garniſon les compagnies détachées de l'Hôtel royal des Invalides, leur faſſent prendre les armes à la réquiſition dudit Officier.

XXVII.

Les Commiſſaires des guerres feront de chacune deſdites compagnies, une revue exacte, laquelle conſtatera le nombre d'Officiers, Sergens, Caporaux, Appointés, bas Officiers, Fuſiliers & Tambours, dont leſdites compagnies ſeront compoſées ; cette revue ſervira au payement deſdites compagnies juſqu'au jour de leur nouvelle compoſition.

XXVIII.

L'OFFICIER chargé des ordres de Sa Majesté, dressera un contrôle de tous les Officiers, contenant leurs noms, surnoms, les lieux de leur naissance, l'époque de leurs différens grades & leur âge.

XXIX.

IL formera ensuite un état contenant les noms, surnoms, signalemens & le lieu de naissance des Officiers, bas Officiers & Soldats qui desireront se retirer chez eux; cet état contiendra leurs différens grades, le lieu où ils se retireront, & la solde dont ils devront jouir.

XXX.

IL doublera ensuite les compagnies, en exécution de l'état joint à la présente ordonnance.

XXXI.

LE Capitaine le plus anciennement détaché de l'Hôtel, commandera la compagnie conservée, & les deux Lieutenans, le plus anciennement détachés, y seront employés; & dans le cas où le plus ancien Capitaine & le plus ancien Lieutenant préféreroient de se retirer chez eux, les compagnies & les lieutenances seront données à ceux qui se trouveront les plus anciens après eux.

XXXII.

S'IL se trouvoit des Capitaines dont les commissions fussent de même date, ceux dont les lettres de Lieutenant ou d'Enseigne, de Lieutenant en second ou de Sous-lieutenant seront les plus anciennes, seront préférés.

XXXIII.

EXCEPTE néanmoins Sa Majesté de la disposition des articles XXXI & XXXII, les Capitaines commandant des compagnies, qui ont été admis à l'Hôtel en qualité de Lieutenans-colonels ou de Commandans de bataillon; l'intention de Sa

Majesté étant qu'ils soient préférés à tous Capitaines dont les compagnies seront doublées avec celles qu'ils commandent.

XXXIV.

QUANT aux Lieutenans de chaque compagnie, les plus anciens dans l'ordre expliqué dans l'article XXXII pour les Capitaines, seront attachés aux Lieutenances desdites compagnies; entend cependant Sa Majesté que les Capitaines de la première & de la seconde classe, attachés aux compagnies, & qui demanderont à servir comme Lieutenans dans lesdites compagnies, soient préférés à tout Lieutenant.

XXXV.

SA MAJESTÉ entend également que les Sergens, Caporaux, Appointés, bas Officiers, Canonniers, Fusiliers & Tambours qui seront les plus anciens, & qui demanderont de rester aux compagnies, y soient conservés.

XXXVI.

VEUT Sa Majesté que le décompte de ce qui pourra être dû aux Officiers, Sergens, Caporaux, Appointés ou Anspessades, bas Officiers, Canonniers, Fusiliers & Tambours, leur soit fait avant de quitter la compagnie; & qu'il leur soit délivré par l'Officier chargé des ordres de Sa Majesté, un certificat qui constate leur grade & la solde dont ils devront jouir chez eux; lequel certificat ils présenteront au Subdélégué du lieu de leur résidence, qui en informera l'Intendant de la Province, afin qu'ils puissent recevoir leur solde à commencer du jour de la présentation dudit certificat au Subdélégué.

XXXVII.

LES fusils, baïonnettes & équipement des Sergens, Caporaux, Anspessades ou Appointés, bas Officiers ou Fusiliers qui quitteront lesdites compagnies, seront remis par les soins du Commissaire des guerres dans les magasins de la Place; les Garde-magasins s'en chargeront au bas des inventaires ſignés deſdits Commiſſaires des guerres, & il en ſera envoyé des doubles au Secrétaire d'État ayant le département de la guerre; entendant Sa Majeſté que leſdits Sergens, Caporaux, Anſpeſſades ou Appointés, bas Officiers, Canonniers, Fuſiliers & Tambours qui ſe retireront chez eux, emportent leurs épées avec leur ceinturon.

XXXVIII.

Il ſera dreſſé par les Commiſſaires des guerres, des procès verbaux de la nouvelle compoſition des compagnies, voulant Sa Majeſté que la ſolde ait lieu, à commencer du jour de la date deſdits procès verbaux, dont il ſera remis un double ſigné deſdits Commiſſaires des guerres aux Tréſoriers, & il en ſera envoyé un autre au Secrétaire d'État ayant le département de la guerre.

XXXIX.

Les Officiers, bas Officiers, Canonniers & Soldats des compagnies de bas Officiers, de Canonniers & de Fuſiliers conſervées ſur pied, ne pourront plus s'abſenter; enjoignant Sa Majeſté aux Commandans des Places & aux Commiſſaires des guerres d'y tenir exactement la main.

XL.

Lorsqu'en exécution de l'article XIV de l'ordonnance du 7 octobre 1724, le Secrétaire d'État ayant le département de la guerre, après avoir pris les ordres de Sa Majeſté, propoſera pour commander les compagnies qui viendront à vaquer des Capitaines de la première claſſe; Sa Majeſté entend qu'il les prenne parmi ceux qui réſideront à l'Hôtel, ou qui étant abſens par grands congés, ſeront revenus ſervir à la ſuite des compagnies détachées, & qu'il ait de plus égard à l'ancienneté des ſervices & au grade de ceux qui pourroient être Lieutenans-colonels ou Commandans de bataillons : voulant cependant Sa Majeſté que s'il ſe trouvoit à la ſuite des compagnies conſervées, des Capitaines & des Lieutenans dont les compagnies auroient été doublées, ils ſoient remplacés par préférence & ſuivant leur ancienneté de détachement, les Capitaines aux compagnies qui viendront à vaquer, & les Lieutenans aux lieutenances qui vaqueront; il ſera à cet effet tenu à l'Hôtel royal des Invalides un contrôle exact des Officiers ſupprimés qui reſteront à la ſuite des compagnies, de ceux qui réſideront à l'avenir à l'Hôtel, & de ceux qui, étant abſens par grands congés, reviendront ſervir à la ſuite des compagnies.

XLI.

LES Officiers, bas Officiers & Soldats, abſens par grand congé du Gouverneur de l'Hôtel, qui voudront reſter chez eux, continueront d'y jouir de leurs priviléges, & il leur ſera fourni comme ci-devant un habillement tous les trois ans.

XLII.

LE traitement réglé pour les Officiers, bas Officiers & Soldats de l'Hôtel & des compagnies détachées, qui ſe retireront chez eux, ne leur étant accordé qu'en conſidération des ſervices qu'ils ont continué de rendre; l'intention de Sa Majeſté eſt que les Officiers, bas Officiers & Soldats qui ſont abſens par grands congés, & qui jouiſſent depuis long-temps des priviléges des Invalides & de l'habillement, ſans rendre aucun ſervice, ne puiſſent obtenir le même traitement, ni rentrer dans l'Hôtel qu'après avoir ſervi au moins quatre ans dans les compagnies détachées qui ſont ſur les frontières d'Eſpagne, après leſquelles quatre années ils jouiront, ſavoir; les Capitaines de la première claſſe, de trois cents livres par an; les Capitaines de la ſeconde, de deux cents cinquante livres par an; & les Lieutenans, de deux cents livres auſſi par an; les bas Officiers, de cinq ſous par jour; & les Soldats, de quatre ſous, en paſſant préſens aux revues: ils jouiront de plus du décompte de l'Hôtel, & auront un habillement tous les quatre ans, le logement dans les garnisons, & l'étape en route, lorsqu'ils marcheront avec les compagnies.

XLIII.

LES Officiers, bas Officiers & Soldats, actuellement absens en vertu de grands congés, & qui auront des infirmités constatées par les certificats des Intendans, ou à leur défaut, des Commissaires des guerres, seront dispensés de servir à la suite des compagnies détachées, & seront admis à l'Hôtel pour y demeurer. A l'égard des Officiers, bas Officiers & Soldats qui se trouveront à l'Hôtel lors de l'exécution de la présente ordonnance, & qui demanderont des grands congés de six ans pour aller chez eux, il leur en sera expédié sans difficulté.

XLIV.

N'ENTEND Sa Majesté déroger aux anciens Édits, Déclarations, Ordonnances & Règlemens concernant les Invalides, qu'en ce qui seroit contraire à la présente ordonnance.

MANDE & ordonne Sa Majesté au sieur Duc de Choiseul, Secrétaire d'État ayant le département de la guerre, Directeur & Administrateur dudit Hôtel; au sieur Comte de la Serre, Gouverneur dudit Hôtel; aux Gouverneurs ou Commandans dans ses villes & places, aux Intendans en ses provinces, aux Commissaires des guerres & à tous autres ses Officiers qu'il appartiendra, de tenir la main à l'exécution de la présente ordonnance. FAIT à Versailles le vingt-six février mil sept cent soixante-quatre. *Signé* LOUIS. *Et plus bas*, LE DUC DE CHOISEUL.

ÉTAT des Compagnies de l'Hôtel royal des Invalides, qui resteront sur le pied de leur composition actuelle.

NOMS des COMPAGNIES.	LIEUX où ELLES SONT.	NOMBRE de compagnies existantes.	NOMBRE de compagnies couplées & conservées.	LIEUX où elles s'assembleront pour l'opération.
	Compagnies de Canonniers.			
LEMOYNIER	*Toulon*	1		*Toulon.*
SIMON	*Château Trompette & Bayonne.*	1		*Bayonne.*
DULAURENT	*Brest*	1		*Rennes.*
LA CHASSAIGNE	*Caen*	1		*Caen.*
		4.		
	Compagnies de bas Officiers.			
LAMOIGNON, Fusiliers	*Hôtel des Invalides*	1.		*Seront conservées sur le pied de leur création.*
DU GRIPELET, bas Offic.	*Arsenal de Paris*	1.		
LA CHABOISSIÈRE, *idem.*	*Château de la Bastille*	1.		
D'AULTANNE, *idem.*	*Palais des Tuileries & Château du Louvre*	1.		
RIGNAC, *idem*	*L'École-Militaire*	1.		
LA BOISSIÈRE, *idem*	*Château de Vincennes*	1.		
		6.		

ÉTAT des Compagnies détachées de l'Hôtel royal des Invalides, dont Sa Majesté a ordonné la réduction & l'incorporation en exécution de son ordonnance du 26 Février 1764.

	Compagnies de bas Officiers.			
LARZILLIERS	*Salins*	1.	1.	*Salins.*
SAINT-ROMANS	*Valence*	1.		
DE BRUCHET	*Citadelle de Challon-sur-Saône.*	1.	1.	*Dijon.*
CHERIER	*Château de Dijon*	1.		

NOMS des COMPAGNIES.	LIEUX où ELLES SONT.	NOMBRE de compagnies existantes.	NOMBRE de compagnies couplées & conservées.	LIEUX où elles s'assembleront pour l'opération.
SOBRY	*Fort-Barraux*	1.	1.	*Fort Barraux.*
D'HORTAL	idem	1.		
LE MAYDON	*Port-Louis*	1.	1.	*Caen.*
DIQUENT	*Château de Caen*	1.		
DUMINY	*Bayonne*	1.	2.	*Bayonne.*
DE MANGONNE	idem	1.		
TOUCHERONDE	idem	1.		
		11.	6.	

Compagnies de Fusiliers.

DESHAYES	*Fort-Louis de Dunkerque*	1.	3.	*Boulogne.*
DESPAGNE	*Boulogne*	1.		
LORMIER	idem	1.		
PLAVAL	idem	1.		
PESTEL	idem	1.		
DE VALLAGE	idem	1.		
BOURSIN	*Hesdin*	1.	1.	*Citadelle de Montreuil.*
GUERPEL	*Citadelle de Montreuil*	1.		
DUMOULIN	*Citadelle d'Arras*	1.	1.	*Citadelle de Doullens.*
COURCELLES	*Citadelle de Doullens*	1.		
GARDET	*Citadelle d'Arras*	1.	1.	*Château de Péronne.*
DESAUNEZ	*Château de Péronne*	1.		
OBRIEN	*Citadelle de Cambrai*	1.	1.	*Péronne.*
MASSOUVERAIN	*Fort de Scarpe de Douai*	1.		
LA GASTINE	*Bapaume*	1.	1.	*Bapaume.*
JOUBERT	idem	1.		

NOMS des COMPAGNIES.	LIEUX où ELLES SONT.	NOMBRE de compagnies existantes.	NOMBRE de compagnies couplées & conservées.	LIEUX où elles s'assembleront pour l'opération.
DORMESSE	*Fort Saint-François d'Aire*	1.	1.	*Aire.*
DUMONT	*Saint-Venant*	1.		
PILLARD	*Fort S.t-François de Bergues*	1.	1.	*Ardres.*
DORCOMTE	*Ardres*	1.		
DAVESNES	*Citadelle de Valenciennes*	1.	1.	*Château de Guise.*
LOTRICHÉ	idem	1.		
MEZEROLLES	*Château de Guise*	1.	1.	*Château de Ham.*
DOMANCOURT	*Château de Ham*	1.		
LA GROIX	*Citadelle de Mézières*	1.	1.	*Château de Mariembourg.*
MONTALEMBERT	*Château de Mariembourg*	1.		
LANGLADE	*Rodemack*	1.	1.	*Thionville.*
FEYGEL	idem	1.		
NARBONNE	*Château de Sedan*	1.	1.	*Thionville.*
L'HERMITTE	*Sirck*	1.		
MYON	*Château de Bouillon*	1.	1.	*Château de Bouillon.*
DUKERKUEN	idem	1.		
COUSIN	*Marsal*	1.	1.	*Marsal.*
AGIER	idem	1.		
LE BELIN	*Château de Beffort*	1.	1.	*Château de Landskron.*
CARDON	*Château de Landskron*	1.		
JACOB	*Château de la Petite-Pierre*	1.	1.	*Phalsbourg.*
LEQUEUX	*Château de Lichtemberg*	1.		
DESNOYERS	*Fort Blanc & Fort Pierre de Strasbourg*	1.	1.	*Fort Mortier.*
LUTZELLER	*Fort Mortier*	1.		
VIALLET	*Château de Joux*	1.	1.	*Lons-le-Saunier.*
DE COURBE	*Fort Blin de Salins*	1.		

NOMS des COMPAGNIES.	LIEUX où ELLES SONT.	NOMBRE de compagnies exiſtantes.	NOMBRE de compagnies couplées & conſervées.	LIEUX où elles s'aſſembleront pour l'opération.
ONGUEVAUX	*Fort Griffon de Beſançon* . . .	1.	1.	*Beffort.*
ULYON	*Château de Blamont*	1.		
ARECHAL	*Fort de l'Écluſe*	1.	1.	*Bourg-en-Breſſe.*
EYSSEL	*Belley & Seyſſel*	1.		
U ROGNON	*Fort Saint-André de Salins* . .	1.	1.	*Bourgoin.*
OGER	*Pont de Beauvoiſin*	1.		
IREMONT	*Château de Queyras*	1.	1.	*Grenoble.*
A PEROUSE	*Arſenal de Grenoble*	1.		
IBOIS	*Citadelle de Montelimart* . . .	1.	1.	*Montelimart.*
ERMAL	*Tour de Creſt*	1.		
AURY	*Montelimart*	1.	1.	*Montelimart.*
ARMIER	idem	1.		
E QUERVILLE	*Romans*	1.	1.	*Valence.*
HÂTEAUVIEUX	idem	1.		
CHMIDBOURG	*Gap*	1.	1.	*Villeneuve-lès-Avignon.*
TOOLE	idem	1.		
OVORDE	*Creſt*	1.	1.	*Romans.*
E VERREY	idem	1.		
ERAUD	*Colmars*	1.	1.	*Digne.*
ALASSIER	*Entrevaux*	1.		
HARDAVON	*Seyne*	1.	1.	*Digne.*
ERNEUIL	*Fort Saint-Vincent de Seyne* . .	1.		
ORMESSON	*Citadelle de Marſeille*	1.	1.	*Citadelle de Marſeille.*
ULAURENT	*Fort Saint-Jean*	1.		
AUGIER	*Notre-Dame de la Garde* . . .	1.	1.	*Citadelle de Marſeille.*
U PREVOST	*Château d'If*	1.		

NOMS des COMPAGNIES.	LIEUX où ELLES SONT.	NOMBRE de compagnies existantes.	NOMBRE de compagnies couplées & conservées.	LIEUX où elles s'assembleront pour l'opération.
COURTOT.........	*Isle de Porquerolles*.......	1.	1.	*Hières.*
JOUQUET..........	*Isle d'Hières*...........	1.		
MOUTON..........	*Isles Sainte-Marguerite*....	1.	1.	*Cannes.*
VAEPNAERT........	idem...............	1.		
SCHWARTZ........	*La grosse Tour de Toulon*...	1.	1.	*Saint-Tropez.*
PEYSSONEL.........	*Citadelle de Saint-Tropez*...	1.		
SAINT-SULPICE......	*Tour de Bouc du Marigue*..	1.	1.	*Sisteron.*
LE GRAS..........	*Citadelle de Sisteron*......	1.		
LA PARA..........	*Château de Saint-André de Villeneuve-lès-Avignon*....	1.	1.	*Agde.*
LASTANNES........	*Fort de Brescou*..........	1.		
LAFAGE...........	*Château de Sommières*.....	1.	1.	*Sommières.*
VILLENEUVE.......	*Château de Ferrières*......	1.		
MATHON..........	*Collioure*.............	1.	1.	*Aiguemortes.*
RICHARD..........	*Aiguemortes & Fort Peccais.*	1.		
DASTIER..........	*Collioure*.............	1.	1.	*Collioure.*
DUVERRIER........	idem................	1.		
SALLEVILLE........	*Port de Vendres*.........	1.	1.	*Port de Vendres.*
DESCHAPELLES......	idem...............	1.		
SOLOMIAC.........	*Bellegarde*...........	1.	2.	*Bellegarde.*
MOREL...........	idem...............	1.		
L'EGREVISSE.......	idem...............	1.		
DAMPUS..........	*Mont-Louis*..........	1.		
GARGAS...........	*Fort de Bains*.........	1.	1.	*Château de Salces.*
PAPION...........	*Château de Salces*.......	1.		
LA COMBE.........	*Prat-de-Mollion*.......	1.	1.	*Prat-de-Mollion.*
BON DE VILLENEUVE.	idem...............	1.		

NOMS des COMPAGNIES.	LIEUX où ELLES SONT.	NOMBRE de compagnies existantes.	NOMBRE de compagnies couplées & conservées.	LIEUX où elles s'assembleront pour l'opération.
ROCHEFORT	*Collioure*	1.	1.	*Villefranche.*
D'ALZON	*Villefranche*	1.		
LAULANIER	*Mont-Louis*	1.	1.	*Mont-Louis.*
LA PORTE	idem	1.		
FENEROLS	*Bellegarde*	1.	1.	*Château de Lourdes.*
SAINT-ANDRÉ	*Château de Lourdes*	1.		
CATUS	*Château de Dax*	1.	1.	*Andaye.*
BLAINCOURT	*Redoute d'Andaye*	1.		
VILLEZAN	*Saint-Jean-Pied-de-Port*	1.	1.	*Fort de Socoa.*
MARIVAL	*Fort de Socoa*	1.		
DESARNEAUX	*Citadelle de Bayonne*	1.	1.	*Citadelle de Bayonne.*
LASSERE	idem	1.		
FOURVILLE	*Saint-Jean-Pied-de-Port*	1.	1.	*St.-Jean-Pied-de-Port.*
BONNAIL	idem	1.		
COMPIEGNE	*Navarreins*	1.	1.	*Navarreins.*
ROSSIGNOL	idem	1.		
SERVAL	*Fort Médoc*	1.	1.	*Fort Médoc.*
BOISBLANC	idem	1.		
JAUME	*Fort de Fouras*	1.	1.	*Brouage.*
LA ROSIÈRE	*Brouage*	1.		
DORGUEÜIL	*Château d'Angoulême*	1.	1.	*Château d'Angoulême.*
SAINT-MARCEL	*Fort la Prée*	1.		
LAUBRAY	*Château de Niort*	1.	1.	*Château de Niort.*
LOSTENDE	*Brouage*	1.		
LA FRANCE	*Château de Saumur*	1.	1.	*Château d'Angers.*
LAVARREY	*Château d'Angers*	1.		

NOMS des COMPAGNIES.	LIEUX où ELLES SONT.	NOMBRE de compagnies existantes.	NOMBRE de compagnies couplées & conservées.	LIEUX où elles s'assembleront pour l'opération.
ASSIRE	*Lannion*	1.	1.	*Rennes.*
DELOR	*Château du Taureau de Morlaix.*	1.		
BEAUMONT	*Saint-Malo*	1.	1.	*Château de Nantes.*
D'ARGOUGES	*Château de Nantes*	1.		
CRAFFTON	*La Hougue*	1.	1.	*Château de S.t-Malo.*
LA TOUCHE D'ASSY	*Château de Saint-Malo*	1.		
L'ESCALLES	*Citadelle du Havre*	1.	1.	*Citadelle du Havre.*
DUMAREST	idem	1.		
LA FORTE-MAISON	*Château de Dieppe*	1.	1.	*Château de Dieppe.*
DESCOBRY	idem	1.		
		130.	65.	

FAIT à Verſailles le vingt-ſix février mil ſept cent ſoixante-quatre. *Signé* LOUIS. *Et plus bas,* LE DUC DE CHOISEUL.

A PARIS, DE L'IMPRIMERIE ROYALE. 1764.

www.ingramcontent.com/pod-product-compliance
Lightning Source LLC
LaVergne TN
LVHW020458230826
846091LV00008BA/3263

* 9 7 8 2 3 2 9 3 4 0 6 8 5 *

EXPOSITION UNIVERSELLE DE 1878

LES INDUSTRIES D'ART

LA CÉRAMIQUE

ET LA

VERRERIE

AU CHAMP-DE-MARS

par

A.-R. DE LIESVILLE

OFFICIER D'ACADÉMIE
VICE-PRÉSIDENT DE LA 4e SECTION D'ADMISSION ET DE CLASSIFICATION
A L'EXPOSITION UNIVERSELLE DE 1878
MEMBRE FONDATEUR DE LA SOCIÉTÉ FRANÇAISE DE NUMISMATIQUE
ET D'ARCHÉOLOGIE, ETC., ETC.

PARIS
HONORÉ CHAMPION
15, Quai Malaquais

1879